SOCCER ACTIVITY BOOK
6-8 YEAR OLD GIRLS & BOYS

Would You Rather???

Would you rather score the game-winning goal in a tournament or make a clear that saves a goal?

Would you rather have Lionel Messi as your teammate or Cristiano Ronaldo?

...hat beat you or 's bench?

On the Field

Halftime Fruit Snacks

GNOAER =

RCREHY =

EPPAL =

ANNBAA =

NSIRISA =

...n the way to the ...occer stadium ...or a pro game

Picture Puzzle: 3 balls in a row

Can you find the pictures of these 3 identical balls in a straight line?

...xt to each other but the line... horizontal or on the diagonal...

Solution on page 74

Solution o...

31

FUN WORD SEARCHES & SCRAMBLES. MAZES, PICTURE PUZZLES, SUDOKU, COLORING PAGES, SPOT THE DIFFERENCE AND MUCH MORE

this activity book belongs to:

_____

_____

COPPER
PENNY
PUZZLES

Soccer Activity Book
for 6-8 Year Old Girls & Boys

Word Searches
Mazes
Connect the Dots
Word Scrambles
Picture Puzzles
Sudoku
Spot the Difference
Coloring Pages
And Much More!

PUZZLE SOLUTIONS ARE AT THE BACK OF THE BOOK

HOW TO SOLVE THE PUZZLES

Word Search: Find words from the list by searching up-and-down, left-to-right, and on the diagonal. Then circle them.

Sudoku: Each row, column, and square must be filled with the numbers 1-6 or four pictures - but only once. Don't repeat any numbers or images.

Spot the Difference: Compare the images to find the differences and circle them.

Word Scramble: Unscramble the letters to find the word. The title of the puzzle is a clue for the words that are scrambled.

Picture Puzzles: Find the pictures of three identical objects in a straight line. They can be horizontal, vertical or on the diagonal.

Road Bingo: Look for the objects shown in the boxes. Shout BINGO when you have found them.

HAVE FUN!

Equipment

```
M V Q T P C G R Q G T K B V C D
C K Z D G J Y A G A E T T X S Q
S I R A E N X C A R D K I B L T
H N K M S H O R T S E I M C G N
I A V B Z P I B X K R F E D L A
N K R P E S J A K Q A L C I Q L
G W N W Q Y C L H X A D L Z B A
U M U H B A C L P V S S O C G S
A R O I E S U L J L Z M C D O B
R E I S O C K S E O M H K I A M
D H H T Y T I F R A Q X F N L T
S T M L X P T O S D T G N U N D
I B F E D I N B E R V S Q I E Y
S T F L A G J S Y P Z N G J T X
P T O P Z G L O V E S V M K Y C
U W W L T V O Q L M S Y G K G N
```

BALL	CARD	CLEATS
FLAG	GLOVES	GOAL NET
JERSEY	SHIN GUARDS	SHORTS
SOCKS	TIME CLOCK	WHISTLE

Solution on page 74

Take the throw in and find a way to the teammate who wants the ball.

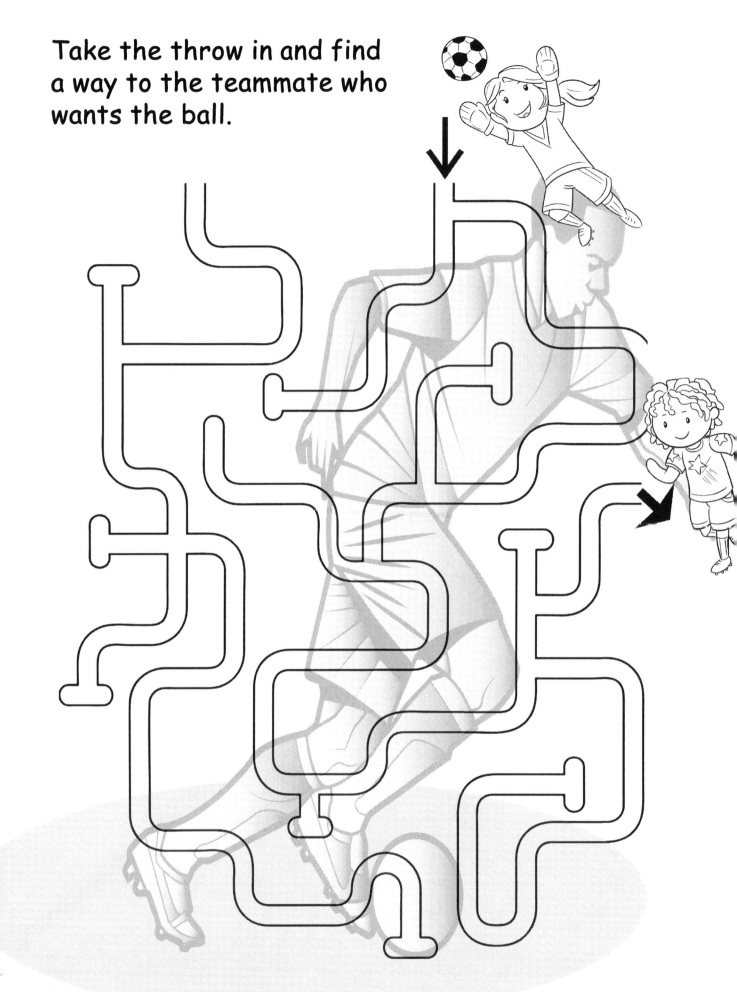

6

Solution on page 75

Penalties and Fouls

```
D I U R E F E R E E E N N E U
N X Q S E A N L N F X H V F O T
A P Y E O R S M Z U S Y V F O N
X U O F F S I D E S S D I H V B
Q S E V B G N D S C E A S H K I
G H W L M E F S T R O Y O O Z N
W F W O R E J B C L T R R L S P
W U N S O L L B L L I R N K M G
M I N T K U G A A O I P I E J O
B N G J O K B N H N T G V P R A
R D K F A D E M F T Q A A P G L
Y L E B N P H V B N Z T R H F K
M Y H A T A K S E H U D E L J I
Y F H R C D J Y E L L O W F N C
N I E K S H F F R E E K I C K K
F J F O X I L Z Z L E N B K N A
```

CORNER	FOUL	FREE KICK
GOAL KICK	HAND BALL	OFFSIDES
PENALTY SHOT	PUSH	RED
REFEREE	TRIP	YELLOW

Riddle: I've been around for millions of years but I'm only a month old. What am I?

Riddle answer on page 86

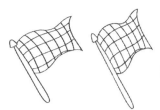 # Soccer Field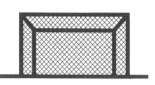

```
O D I S I A Q Q C B K P D P O O
E U M C I P L M K W G L B I K Y
I S G C V D K R K M E X I T P G
A G N F E T E B I I G D P C V M
Y M E V M N S L F T A F O H O R
B F T P R B T E I W C Q U A P M
L T Z O Q C O E N G A U P S E
G V C H T H V N R M E S A L N S
Z B V S B A I D W C G S D A K P
H O O Y E L I N E A I G E T G J
S P U U L T P O L B U R M A K N
J Q H A K F K F P Z G I C M R B
D T O G H U Y F A E F A I L E Q
R G P E N A L T Y S P O T B E F
V B A O C R O S S B A R S O L U
R D S P G A A B F Z V A Q F T F
```

CENTER CIRCLE   CORNER   CROSSBAR

FIELD   FLAG   GOAL LINE

LINE   NET   PENALTY SPOT

PITCH   POST   SIDELINES

Solution on page 74

Soccer Team Road Trip

Solution on page 75

On the Field

L O L N C K Z O B L Z K K J B E
S U C L Y H T F Y F I B O U Y P
T X O Y Q I N T F T F B S L O S
R V N Q V B Z O O K L U D C M F
E S T V Z K K O T X O H T L F O
T K R J O C H E F E C I D Z Z B
C A O O I S D Z J B J V J Y Y K
H C L K C P Y Z L C E L N F W L
E J D V B A A H P P O D S J A P
X T R F L S A E F C Y R V H T B
A C N P R L K S W A L L N N F G
N D G P O I Z S S W L N U E B R
W H V H S D G J Y I E P J P R B
Y K L K C E Z X A W S F O C Y G
F H B B C O R W J Q C T J N J Z
E R X K O X R V U A X E F J R Q

ASSIST   CONTROL   CORNER
KICK OFF   LOOK   PLAY
PUNT   SHOOT   SLIDE
STRETCH   SUB   WALL

Snack Time!

Draw what you want to buy when you stop for a snack.
What's your favorite? Put it in the cooler.

Riddle: What goes through towns and over mountains but never moves?

Riddle answer on page 86

On the way to the
soccer stadium
for a pro game

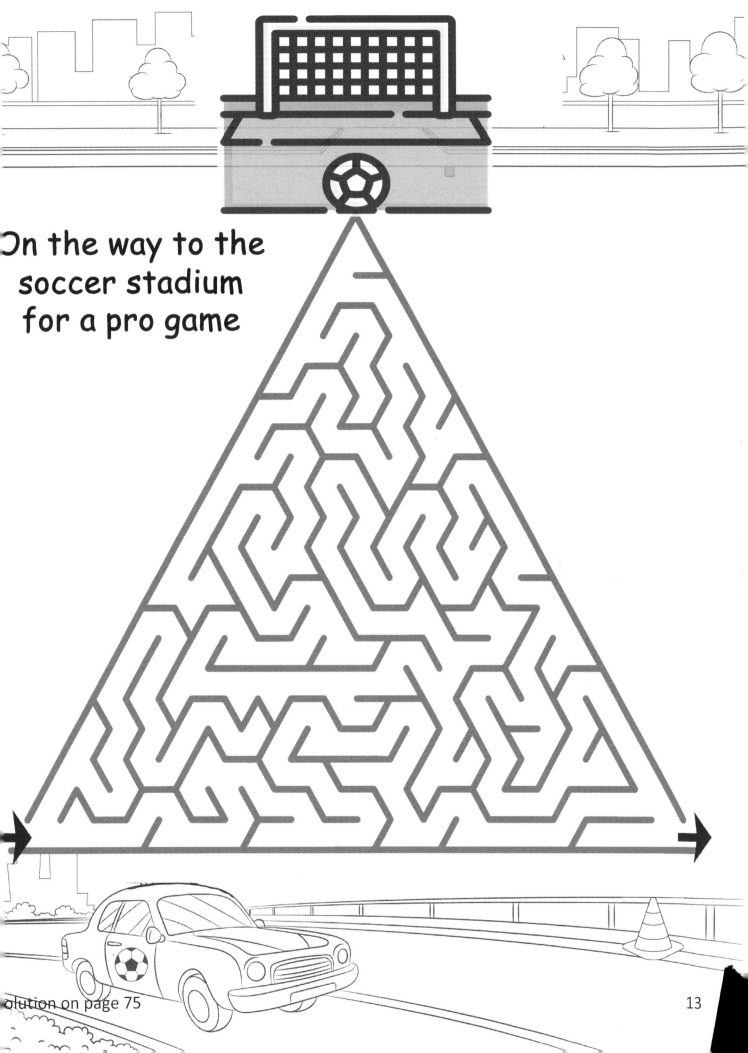

olution on page 75

Create your soccer road trip story.
Have some fun with it.

Every time I go on a soccer road trip I like to

_____. It's my _____ way to have fun. I

pack my _____ in my _____ backpack so

I'm prepared. As soon as I have a _____ I

take my backpack and _____. If it turns

out to be _____ I'll ask if I can try again

at our next _____. But if it's too

_____ or too _____ I _____

might not try again, but I probably will.

Look down at a soccer ball from a hot air balloon. How does it look?

Solution on page 75

 # Play the Game

```
A T D R I B B L E A S E D P J R
M L I A N G O A L E G N Y Z J H
T I P S M I N W L F C P B T X J
S T T S Y A Q L S P Q T P A L Q
G N B H R G A D X Q F A N E D V
S V O J R W S L H F R F O U L M
T O R G G O N J I T S D N D L T
T L B C U G W V I I U O L H A I
C L Y R A S X I C K I C K L O C
M E B O S V I J N M P D P T K Z
D Y U S M P B X Z H F W U X Y K
F B M S A G V J H B D X S J J J
J D P R Y W V G H A T T R I C K
Z Q I A R X F V Z S C O R E E V
F Q H U S W V M S W B K O X K I
B X F P J S H X S D Y Q Q S R A
```

CROSS	DRIBBLE	FOUL
GOAL	HAT TRICK	KICK
PASS	SCORE	THROW IN
TRAP	VOLLEY	WALL

Solution on page 76

Riddle: When I'm ripe, I'm green, when you eat me, I'm red, and when you spit me out, I'm black.

iddle answer on page 86

 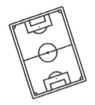

It Takes A Team

```
Q A J U O W H X V O X A J T Z W
C J D X I X R B Y Y V Q A R N S
G F U L L B A C K B O X C E V R
V P V R P Q A P K C T D E L M P
Z D W I N G E R U O R N N M I D
E D P O E S J W E A R Y T F D E
L K A F B X T X W C K C E H F F
V Y V F X Z D R L H T A R P I E
L H A E T O O E I I O N S W E N
T S S N G F H N F K G I T T L D
W F F S N O V J L E E M I N D E
U G L E O E A D C M N R R V E R
H I X M J W D L Q B R S N K R D
C A W A H F J U I A J R E E I A
H G E I F I F D X E E A G C C O
D C E N T E R B A C K G Y Q C K
```

CENTER   CENTER BACK   COACH
DEFENDER   DEFENSE   FORWARD
FULL BACK   GOALIE   MIDFIELDER
OFFENSE   STRIKER   WINGER

Solution on page 76

Registration

SOCCER
TOURNAMENT

Riddle:
They come out
at night without
being called and are
lost in the day without
being stolen. What are they?

iddle answer
n page 86

Who Won?

```
G  M  E  P  Z  Q  D  P  T  J  B  K  N  D  N  N
F  U  S  A  O  K  S  C  X  A  I  Z  T  T  M  Q
M  B  H  P  F  W  V  D  Q  L  E  O  F  T  U  W
D  X  O  P  F  G  D  R  F  V  H  F  G  O  A  L
F  D  O  Z  I  J  B  F  A  S  I  A  H  W  E  W
S  A  T  W  C  K  J  S  P  W  X  I  U  V  F  Q
Q  W  O  B  I  G  C  I  K  Z  F  Y  P  D  C  I
Y  L  U  A  A  Q  H  O  M  O  E  Y  N  M  H  S
I  I  T  L  L  C  X  S  M  R  U  U  M  F  X  Y
Y  H  O  L  E  F  X  L  O  P  O  D  N  Y  L  T
O  N  V  Q  N  N  G  C  S  B  E  Z  R  L  W  T
R  S  D  U  N  V  S  K  E  C  A  T  Z  A  N  S
G  T  H  A  N  K  C  R  M  M  V  U  E  A  W  N
H  W  J  K  T  I  X  O  D  N  K  N  C  V  Q  T
J  K  M  K  K  Q  A  K  C  X  B  E  V  K  O  D
B  I  C  Y  C  L  E  H  U  O  J  Z  X  A  X  K
```

BALL	BICYCLE	CHIP SHOT
COMPETE	DRAW	GOAL
KICKS	OFFICIAL	REBOUND
SAVE	SCORE	SHOOTOUT

Riddle: What goes through towns and over mountains but never moves?

Solution on page 76

Riddle answer on page 80

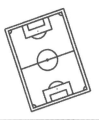 # A Match on the Pitch

```
T E G W W S U E E C S U Z W W R
Z L V E O E L O J C Z V Y F X X
K G Q A D V A N T A G E I P Z C
E F P R A C T I C E K A K A L J
U H I R L D P M P W O N Z L V Y
Y Q S D R I L L M L P B I D H H
G X P S L N M M Z C A K A A A A
Y G R P M V E J A Q S Y F S L T
R R I P T A W N O T O H E V F T
O K N F V X U S P D C C G R T A
Y Z T B M R F D Z Y E H T E I C
P Y L T M B T I D M O O D Z M K
M Y M R H I E A E M Q R C U E U
B F M A A H D U Z L P S Q R E E
V R J I U P H X T U D E S U Q P
L C A N M J R D F C I T P G S U
```

ADVANTAGE	ATTACK	DRILL
FIELD	HALFTIME	MATCH
PLAYER	PRACTICE	RUN
SKILL	SPRINT	TRAIN

Solution on page 76

Pets go to games, too. Write a story about your pet or pets that you've met at your games

22

Soccer Jersey Colors

```
P  S  X  S  O  H  L  S  R  Q  F  Z  F  R  L  X
T  D  G  B  Q  Z  M  Y  J  J  A  O  E  Y  V  C
E  C  B  K  U  U  B  T  E  U  Y  L  N  Y  I  V
D  P  U  R  P  L  E  R  Q  F  U  O  G  R  D  A
O  B  Y  E  B  L  L  A  U  G  O  B  I  R  O  Q
R  U  L  Z  L  R  I  J  I  R  K  K  P  P  E  X
A  Q  C  O  A  I  C  S  A  D  E  W  Y  B  G  L
N  F  K  S  C  T  O  M  K  P  L  M  S  S  N  S
G  N  X  D  K  G  W  H  W  W  L  K  L  E  Q  R
E  P  B  R  Z  D  I  D  O  Q  Y  R  E  Z  S  E
J  V  L  K  P  V  C  L  D  N  V  R  S  O  F  D
X  N  U  V  E  I  L  I  J  A  G  R  S  O  I  N
L  A  E  W  H  E  N  G  Y  V  W  W  X  M  J  Y
U  V  X  Q  Y  X  J  K  J  Y  W  O  W  J  M  I
L  U  D  F  V  Q  N  L  R  H  E  Q  J  L  O  O
O  Q  S  V  I  V  X  C  R  Z  M  H  S  D  S  F
```

AQUA	BLACK	BLUE
GREEN	KELLY	MAROON
NAVY	ORANGE	PINK
PURPLE	RED	YELLOW

Solution on page 7

You are in a car on the way to a soccer game. How many of these road signs and objects can you find? Color them, too.

    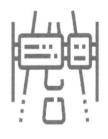

Things That Fly Or Crawl On The Field

```
M  K  D  I  D  M  X  D  W  M  I  L  X  V  E  P
U  M  A  X  W  G  F  O  A  F  B  K  L  C  V  F
P  K  O  G  Y  Q  R  F  Z  L  K  I  M  B  K  I
I  I  D  U  S  C  B  H  E  Y  B  E  M  R  I  K
T  N  Y  L  S  Q  U  U  B  S  P  H  I  C  V  F
F  H  K  U  M  E  P  P  T  I  J  Z  L  W  O  G
A  H  Z  R  E  R  F  A  W  T  G  F  E  R  T  E
V  X  O  S  R  T  L  O  P  C  E  E  S  N  R  I
V  W  Q  T  M  V  Y  A  S  H  B  R  A  V  F  I
K  M  G  I  N  O  A  Q  D  Q  P  I  F  I  O  A
V  Y  C  E  E  F  S  S  F  Y  U  I  G  L  T  J
T  L  Q  T  M  E  P  Q  D  E  B  I  G  W  Y  H
B  E  G  X  F  S  Q  S  U  K  B  U  R  E  G  B
G  W  R  A  A  J  A  I  R  I  G  G  G  R  O  T
S  L  B  W  W  J  L  K  K  Z  T  H  T  L  E  N
E  X  R  U  C  D  X  H  I  T  U  O  S  F  E  L
```

ANT	BEE	BUTTERFLY
CROW	FLY	LADYBUG
MOSQUITO	MOUSE	PIGEON
SQUIRREL	WASP	WORM

Solution on page 77

Picture Puzzle: 3 jerseys in a row

Can you find the pictures of these 3 identical jerseys in a straight line?

The 3 jerseys must be next to each other but they can be vertical, horizontal or on the diagonal.

olution on page 77

Soccer Road Trip Scavenger Hunt

Check off each item as you spot it!

- Mailbox
- Pine tree
- Lantern
- Pizza Restaurant
- Bagel Shop
- Black Dog
- Ambulance
- Port-a-John
- Motorcycle
- Skateboard
- 18 Wheeler
- Gas Station
- Fast Food Burger
- Donut shop
- Bakery
- Garbage Truck

- Moving Van
- Butterfly
- Tree stump
- White Dog
- Horse
- Crow
- Fire Truck
- Diner
- Picnic table
- Fire Hydrant
- Backpack
- Baseball cap
- Parking Meter
- Bees
- Clouds
- River or Lake

- Book
- Grocery Store
- Drug Store
- Motel
- Bridge
- Train
- Telephone Pole
- Pinecone
- School
- Bicycle
- Playground
- Sunglasses
- Squirrel
- Park
- Police Car
- Ice Cream Truck

Halftime Fruit Snacks

GNOAER = _____

RCREHY = _____

EPPAL = _____

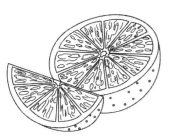

ANNBAA = _____

NSIRISA = _____

AEPCH = _____

ONETRAMELW = _____

UPLM = _____

AERP = _____

RPGASE = _____

olution on page 78

 # Would You Rather???

Would you rather score the game-winning goal in a tournament or make a clear that saves a goal?

Would you rather have Lionel Messi as your teammate or Cristiano Ronaldo?

Would you rather high five the team that beat you or give a lame cheer from your own team's bench?

Would you rather be the first one or the last one off the field?

 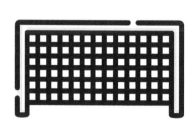 

Picture Puzzle: 3 balls in a row

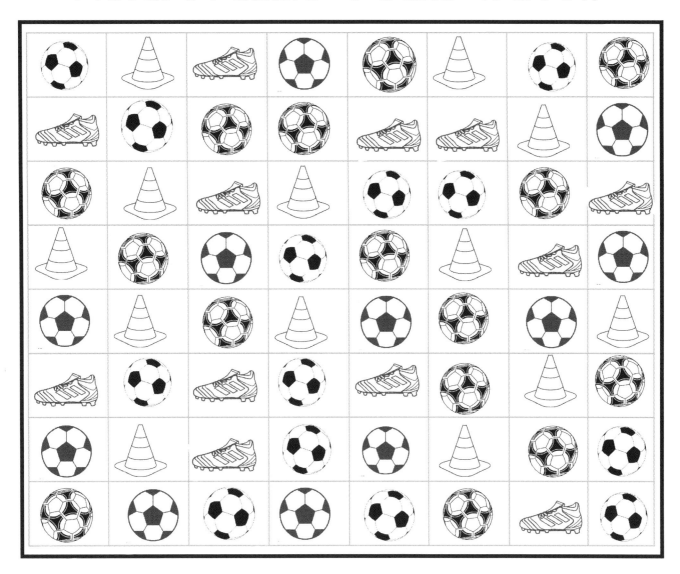

Can you find the pictures of these 3 identical balls in a
straight line?

The 3 balls must be next to each other but they
can be vertical, horizontal or on the diagonal.

Who Comes To The Game

TRMEHO = _____

ERAHTF = _____

BHTRREO = _____

TSERIS = _____

EIDRNF = _____

NAGRAMD = _____

NPRDAGA = _____

ANTU = _____

CELUN = _____

NSCOIU = _____

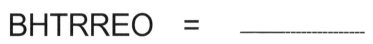

32   Solution on page 78

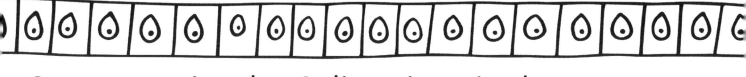

Can you write the 4 directions in the correct places on the compass?

olution on page 77

On The Road Bingo

What can you spot out the window?

		Ambulance	Tree	STOP
	NO PARKING			
Church	Playground	ONE WAY		SPEED LIMIT 55
School			American	Any
Bus		**Food Truck**	Flag	Digger
	SPEED LIMIT 35		Gas Station	
H	Cyclist	DO NOT ENTER	Police Car	

Snacks After The Game

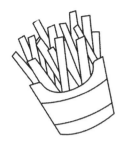

EUCPKACS = _____

SETPZRLE = _____

CPISH = _____

EIRMCEAC = _____

PZZIA = _____

ECSEEH = _____

RCREKCAS = _____

ROGLAAN = _____

ASKEKIHML = _____

OOEKSCI = _____

Solution on page 78

Color me, please!

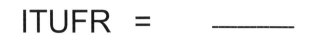

Pre-Game Breakfast

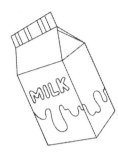

ITUFR = _____

OEHSOTIM = _____

GESG = _____

ALCEER = _____

MNIFFU = _____

EGABL = _____

URFTI = _____

CIJUE = _____

KLIM = _____

TTAOS = _____

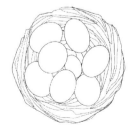

olution on page 78

I'M HUNGRY

Your team goes out to eat after the game.
How many of these food signs
and items can you find? Color them.

Animals Around The Field

EEDR = _____

AONCOR = _____

HIPUNKMC = _____

OHKDCCUWO = _____

OCOETY = _____

XFO = _____

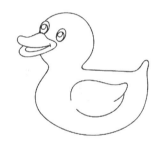

GIP = _____

OHSRE = _____

WCO = _____

AMLB = _____

olution on page 79

My Favorite Game

_____

[?]

OVERALL RATING:

☆ ☆ ☆ ☆ ☆

Write a story about your favorite game. Why did you like it so much? Was it really fun? What did you do after the game?

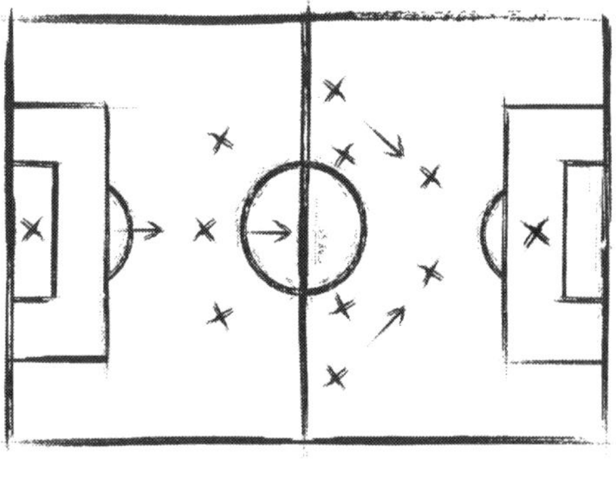

_____
_____
_____
_____
_____
_____
_____
_____
_____
_____
_____
_____

How may cars can you spot with these colors?

Red _____

Purple _____

Blue _____

White _____

Orange _____

Yellow _____

Black _____

Green _____

41

Good For Me Veggies

NCRO = ＿＿＿

OTAOTM = ＿＿＿

VOACODA = ＿＿＿

EBSNA = ＿＿＿

DSRAIH = ＿＿＿

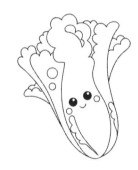

ASHSUQ = ＿＿＿

OAPTTO = ＿＿＿

UUCECBRM = ＿＿＿

EUTTELC = ＿＿＿

SEETB = ＿＿＿

Solution on page 79

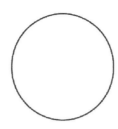

Connect the Dots

8 ● ● 9

31 ● 2 ● 7 ● ● 10
1 ●
30 ● ● 3 ● 13
15 ●
6 ● 16 ●
29 ● 4 ● ● 5 14 ●
11 ● 12 ●
28 ● 18 ●
27 ● 19 ● 17 ●
26 ●

● 20
25 ●

24 ● ● 21
23 ●

● 22

43

Write your own story about a pet you met on the sidelines.

On one of my soccer trips I met a

_____.

I first met him at a _____.

He's really cute with _____

_____ hair and

loves riding in the car.

I found out his name is

_____

and he's _____ years old.

At night he sleeps in a

_____.

He _____ riding in the

car but his owner has to stop

_____ times to take him

for a walk.

Color the Emojis – Can you make them soccer emojis?

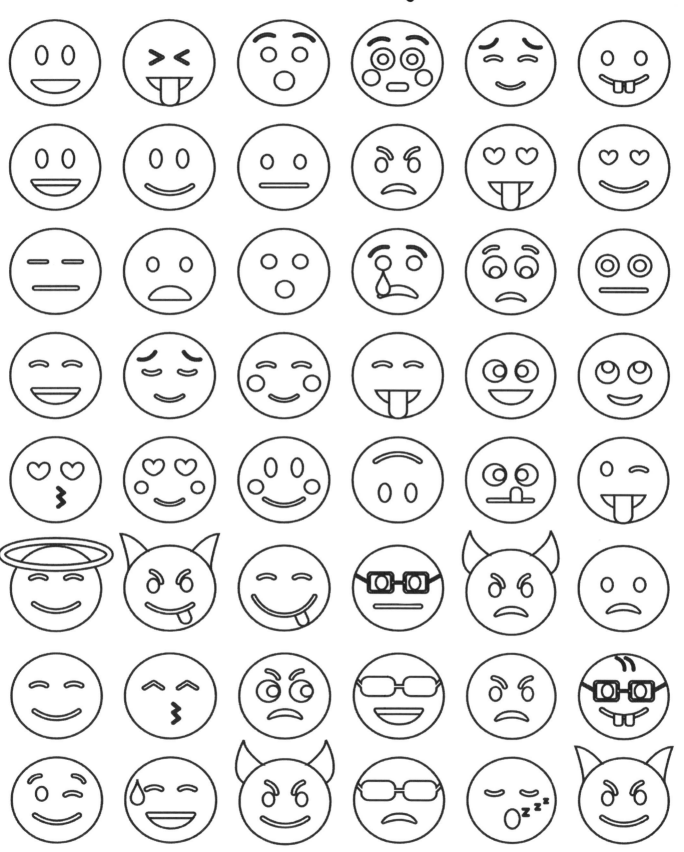

Things To Buy Near The Field

SIOOECK = _____

REMCECAI = _____

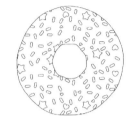

GURBER = _____

GTODHO = _____

OTAC = _____

DCISWHAN = _____

SLAHMKKIE = _____

SEUGBARYMM = _____

UMG = _____

NTUOD = _____

46

Solution on page 79

Can you get the soccer ball out of the center circle and onto the field?

Solution on page 77

Types Of Dogs At The Game

UGP   =   ____

EPDOOL   =   ____

DEHPASR   =   ____

BAL   =   ____

ICLLEO   =   ____

RRIEVRTEE   =   ____

ODDLAOELBAR   =   ____

BGLODLU   =   ____

RRIREET   =   ____

XBROE   =   ____

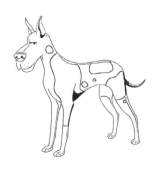

Solution on page 79

Connect the dots and decorate it!

49

Spot the 10 differences & circle them on Image 2

50

Image 2 – circle the 10 differences

Sudoku Puzzle 1

3		5	1		6
6			3	4	
	3	4	6		1
5	6		4	3	2
1	5		2	6	
	2	6	5		3

Sudoku Puzzle 2

4	5	3		2	
2			4	5	3
3			6		1
6	4		5	3	2
5	6	2			4
1	3		2	6	

Sudoku Puzzle 3

1	3	4	5	6	
		5			4
4		1		2	3
3	2				1
5	1			4	6
6	4	3	2		

Sudoku Puzzle 4

5	3			2	1
6			4		3
2	5	1	3	4	6
4	6			1	2
	2				
	4	6	2	3	

Solution on page 80

Help The Dogs On The Sidelines Get To the Water Bowls

Solution on page 77

Can you ride your bike to practice?

Riddle: What is hard to get out of but easy to get into?

Riddle answer on page 86

Riddles

What has a ring, but no finger?

Your answer:

_____

What has a bank, but no money?

Your answer:

_____

What can fill a room, but take up no space?

Your answer:

_____

What has an eye, but can't see?

Your answer:

_____

Riddle answers on page 86

Connect The Letter Dots - They Go Backwards!

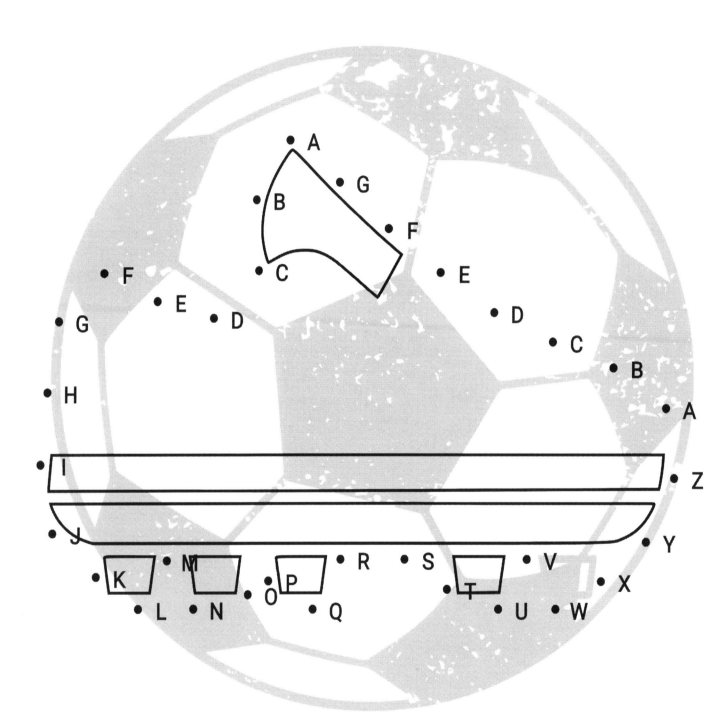

Sweet Treat Mazes

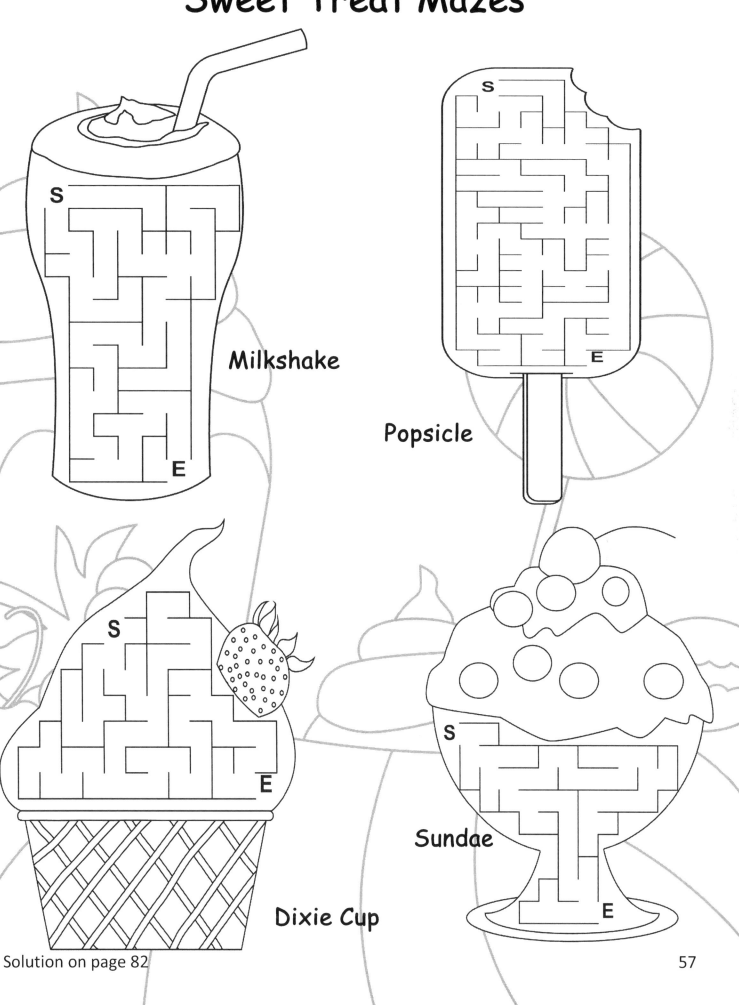

Milkshake

Popsicle

Dixie Cup

Sundae

I Spy Road Signs

When you're riding in the car, how many of each sign can you find?

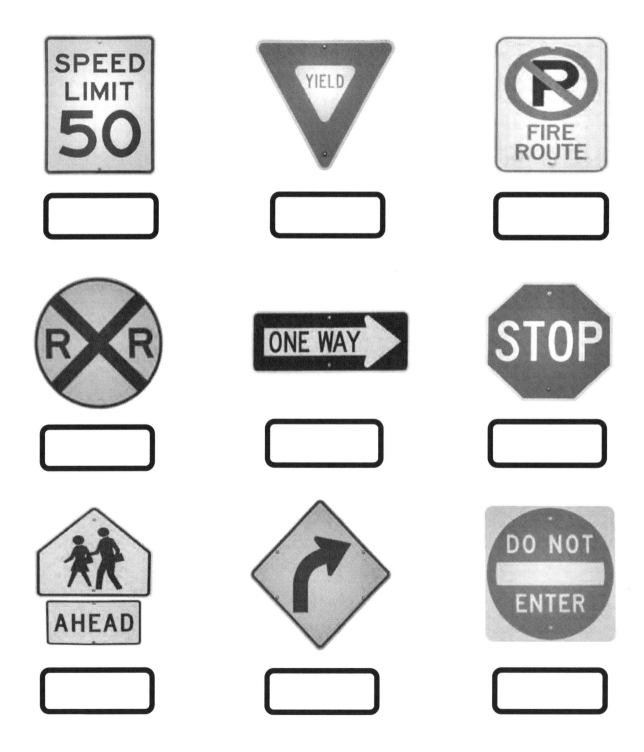

Connect The Dots Then Design & Color Your Own Ball

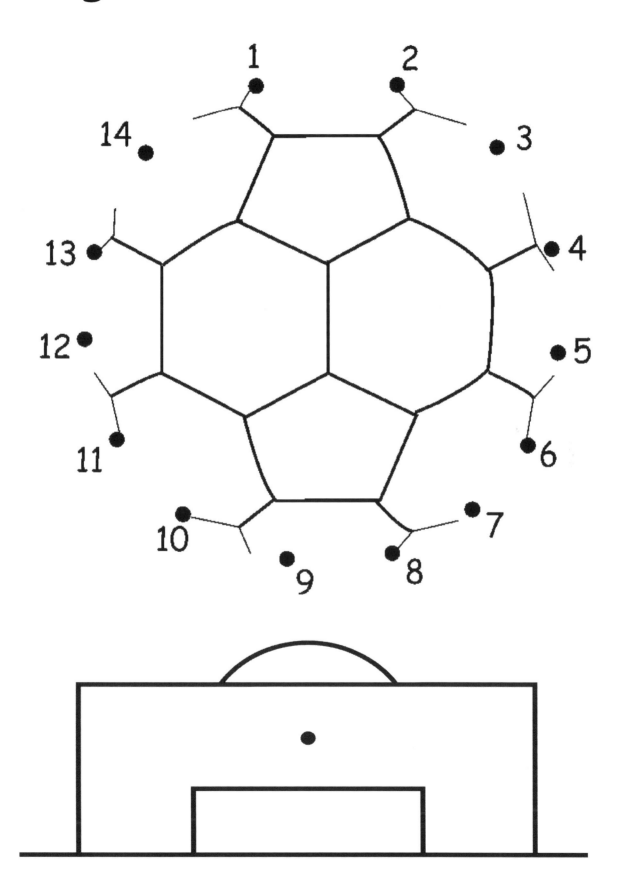

Design your own soccer jersey. What color would you like it to be and what would the logo look like and say?

My Jersey

What's Your Number?

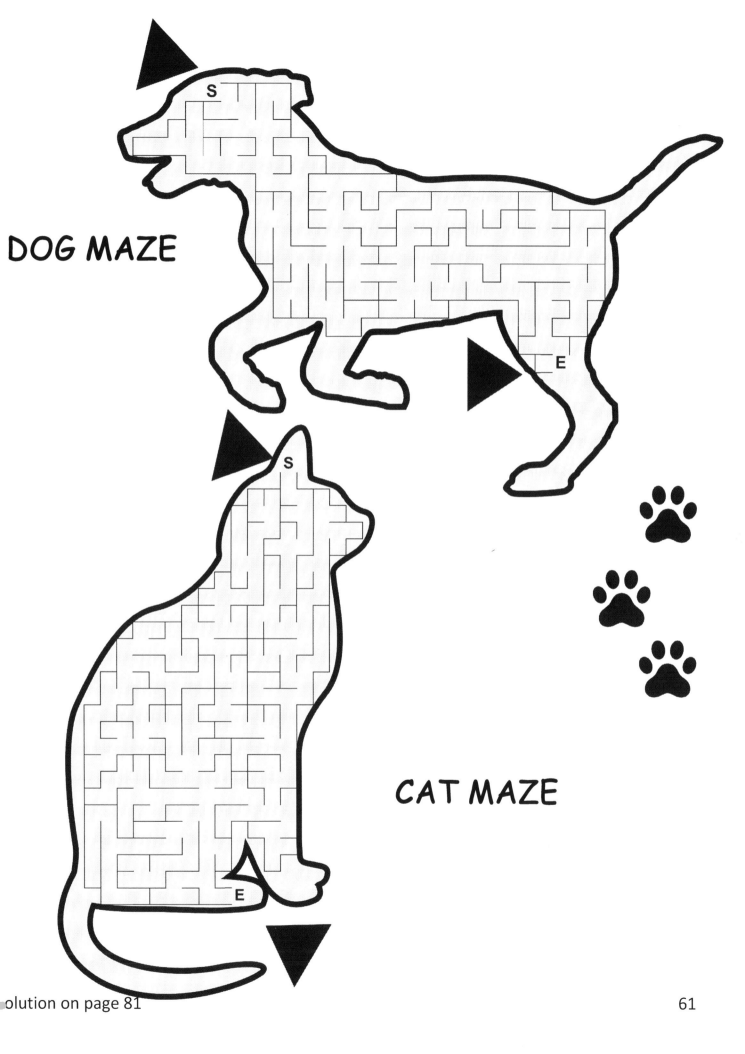

DOG MAZE

CAT MAZE

Tic Tac Toe

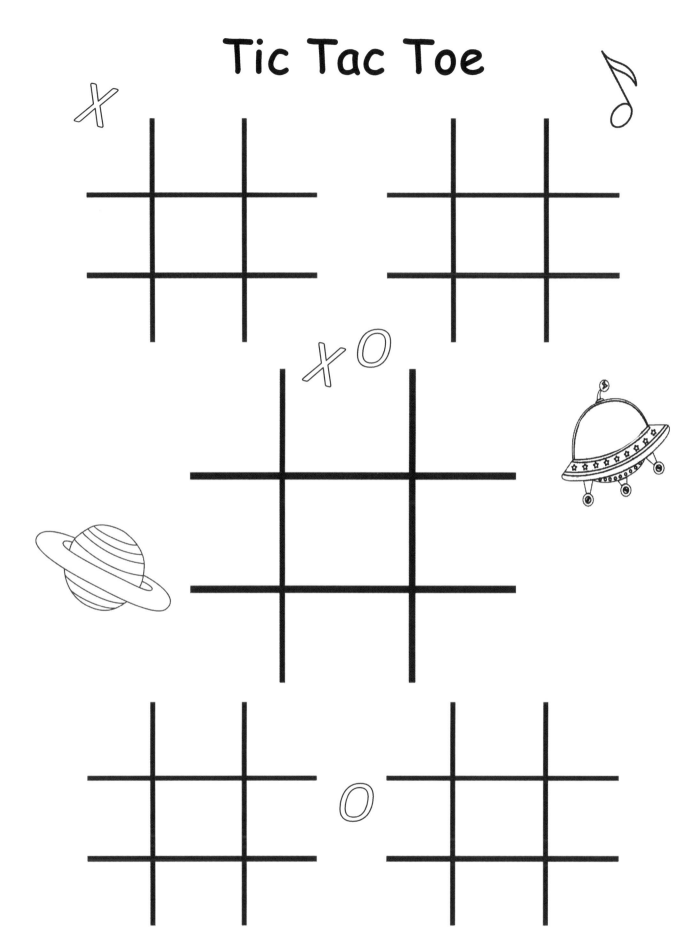

Riddle: Where can you find cities, towns, shops, and streets but no people?

Riddle answer on page 86

Explore the area around the field. Which two are exactly the same?

Find them and Color

Before the game, look at the field. What do you see? Write a story about it.

_____

_____

_____

_____

_____

_____

_____

_____

_____

_____

_____

_____

How many of each can you find in the box?

How many all together? _____

Solution on page 81

Color me, please!

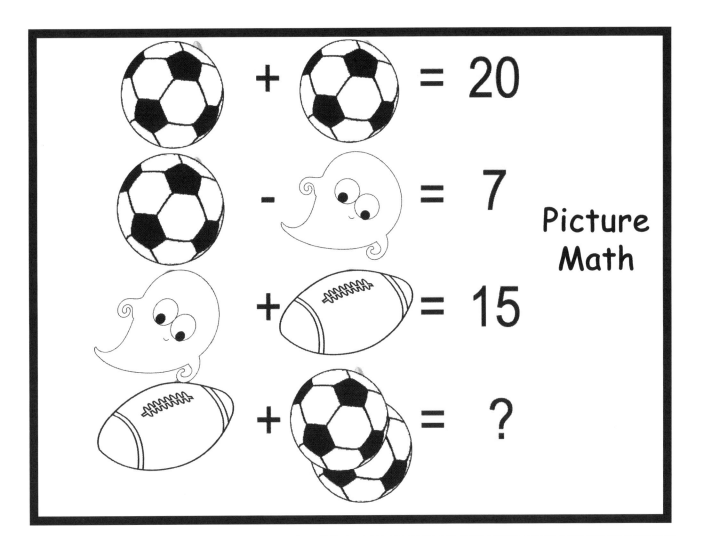

Picture Math

If you won a trophy where would you put it? Why?

A racoon and a tiger are rival soccer teams' logos.

Spot the tiger's 5 differences
and circle them.

Spot the racoon's 5 differences
and circle them.

Solution on page 83

BALL STUCK IN A TREE MAZE
HELP GET IT BACK ON THE FIELD

Riddle: A phone and case cost $110 total. The phone costs $100 more than the case. How much is the phone?

Maze solution on page 84
Riddle answer on page 86

If a soccer ball could talk what would you ask it? Would you ask funny questions?

_____

_____

_____

_____

_____

_____

_____

_____

_____

_____

_____

IN THE GRASS MAZE

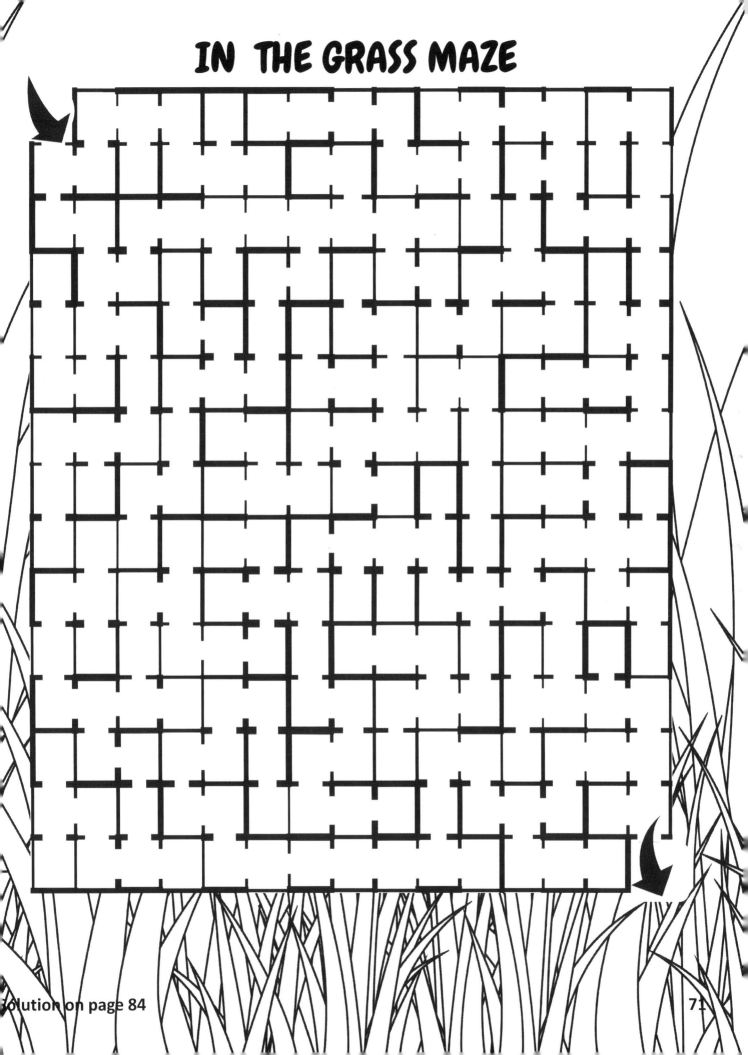

SOCCER MASH MAZE

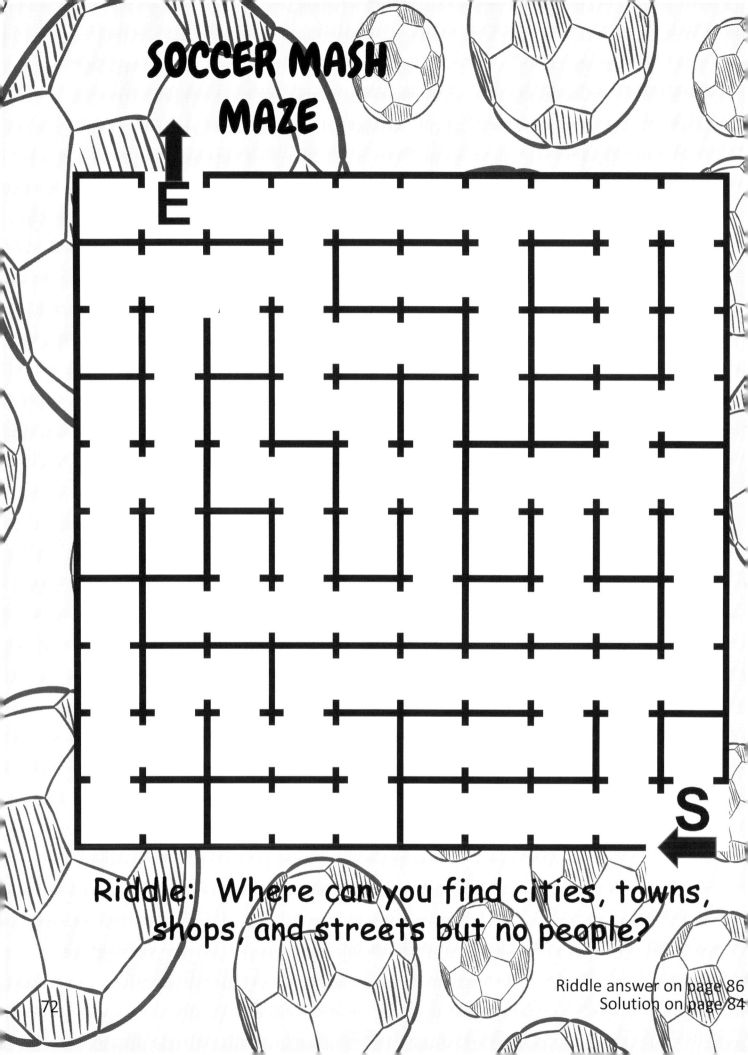

E

S

Riddle: Where can you find cities, towns, shops, and streets but no people?

Riddle answer on page 86
Solution on page 84

72

SOLUTIONS

WORD SEARCH SOLUTIONS

Equipment – Solution

Penalties and Fouls – Solution

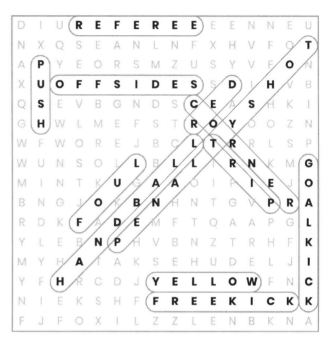

Soccer Field – Solution

On the Field – Solution

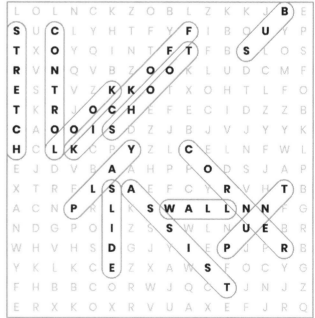

Maze Solutions

Throw In

Team Road Trip

Pro Game

Hot Air Balloon

WORD SEARCH SOLUTIONS

Play the Game - Solution

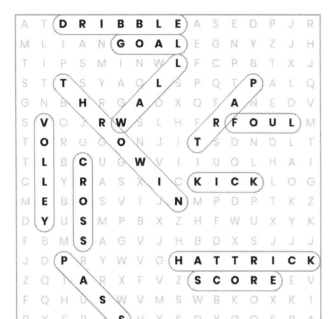

It Takes A Team - Solution

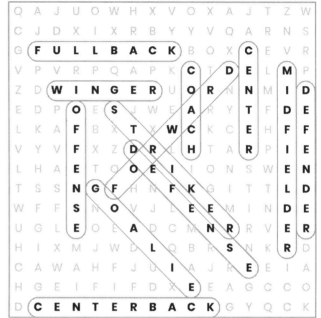

Who Won? - Solution

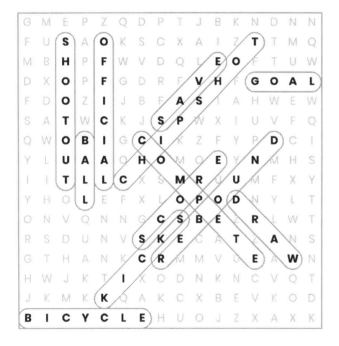

A Match on the Pitch - Solution

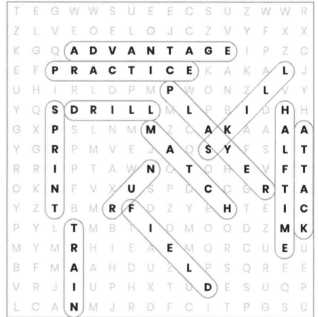

WORD SEARCH SOLUTIONS

Soccer Jersey Colors – Solution

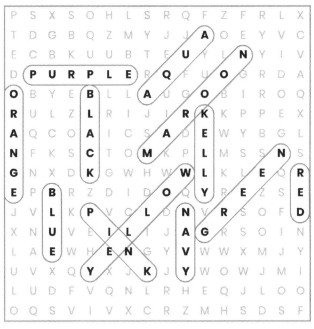

Things That Fly Or Crawl On The Field - Solution

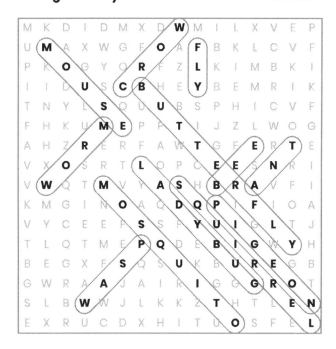

Picture Sequence

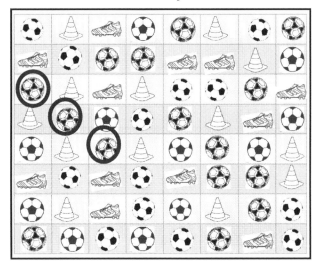

Picture Puzzle: 3 jerseys in a row

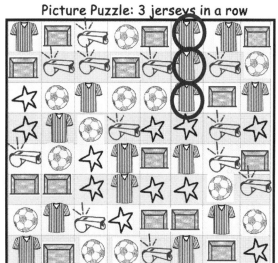

Dog Water Bowls

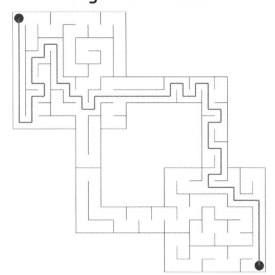

Compass

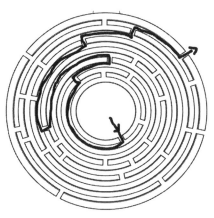

Center Circle
There are several
ways to get the ball
out - this
is one!

77

Who Comes To The Game

TRMEHO = MOTHER

ERAHTF = FATHER

BHTRREO = BROTHER

TSERIS = SISTER

EIDRNF = FRIEND

NAGRAMD = GRANDMA

NPRDAGA = GRANDPA

ANTU = AUNT

CELUN = UNCLE

NSCOIU = COUSIN

Halftime Fruit Snacks

GNOAER = ORANGE

RCREHY = CHERRY

EPPAL = APPLE

ANNBAA = BANANA

NSIRISA = RAISINS

AEPCH = PEACH

ONETRAMELW = WATERMELON

UPLM = PLUM

AERP = PEAR

RPGASE = GRAPES

Snacks After The Game

EUCPKACS = CUPCAKES

SETPZRLE = PRETZELS

CPISH = CHIPS

EIRMCEAC = ICE CREAM

PZZIA = PIZZA

ECSEEH = CHEESE

RCREKCAS = CRACKERS

ROGLAAN = GRANOLA

ASKEKIHML = MILKSHAKE

OOEKSCI = COOKIES

Pre-Game Breakfast

ITUFR = FRUIT

OEHSOTIM = SMOOTHIE

GESG = EGGS

ALCEER = CEREAL

MNIFFU = MUFFIN

EGABL = BAGEL

URFTI = FRUIT

CIJUE = JUICE

KLIM = MILK

TTAOS = TOAST

Animals Around The Field

EEDR = DEER

AONCOR = RACOON

HIPUNKMC = CHIPMUNK

OHKDCCUWO = WOODCHUCK

OCOETY = COYOTE

XFO = FOX

GIP = PIG

OHSRE = HORSE

WCO = COW

AMLB = LAMB

Good For Me Veggies

NCRO = CORN

OTAOTM = TOMATO

VOACODA = AVOCADO

EBSNA = BEANS

DSRAIH = RADISH

ASHSUQ = SQUASH

OAPTTO = POTATO

UUCECBRM = CUCUMBER

EUTTELC = LETTUCE

SEETB = BEETS

Things To Buy Near The Field

SIOOECK = COOKIES

REMCECAI = ICE CREAM

GURBER = BURGER

GTODHO = HOT DOG

OTAC = TACO

DCISWHAN = SANDWICH

SLAHMKKIE = MILKSHAKE

SEUGBARYMM = GUMMY BEARS

UMG = GUM

NTUOD = DONUT

Types Of Dogs At The Game

UGP = PUG

EPDOOL = POODLE

DEHPASR = SHEPARD

BAL = LAB

ICLLEO = COLLIE

RRIEVRTEE = RETRIEVER

ODDLAOELBAR = LABRADOODLE

BGLODLU = BULLDOG

RRIREET = TERRIER

XBROE = BOXER

SUDOKU SOLUTIONs

Sudoku Puzzle 1

3	4	5	1	2	6
6	1	2	3	4	5
2	3	4	6	5	1
5	6	1	4	3	2
1	5	3	2	6	4
4	2	6	5	1	3

Sudoku Puzzle 2

4	5	3	1	2	6
2	1	6	4	5	3
3	2	5	6	4	1
6	4	1	5	3	2
5	6	2	3	1	4
1	3	4	2	6	5

Sudoku Puzzle 3

1	3	4	5	6	2
2	6	5	1	3	4
4	5	1	6	2	3
3	2	6	4	5	1
5	1	2	3	4	6
6	4	3	2	1	5

Sudoku Puzzle 4

5	3	4	6	2	1
6	1	2	4	5	3
2	5	1	3	4	6
4	6	3	5	1	2
3	2	5	1	6	4
1	4	6	2	3	5

DOG MAZE SOLUTION   CAT MAZE SOLUTION

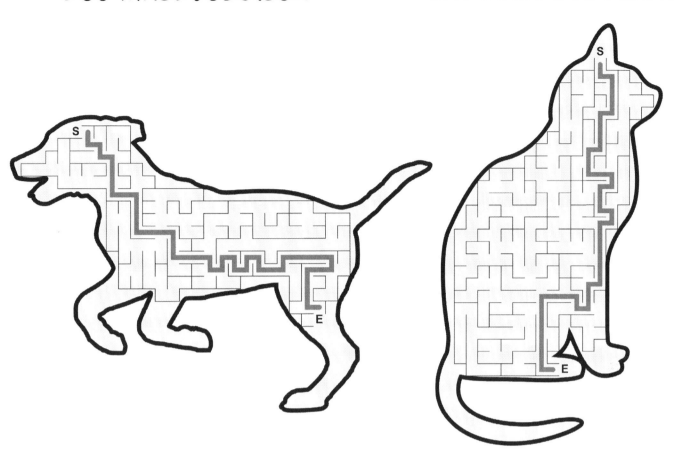

THESE MUSHROOMS ARE EXACTLY ALIKE

HOW MANY OF EACH VEHICLE?

5	3	4	3

3	4	4	4

TOTAL = 30

Sweet Treat Maze Solutions

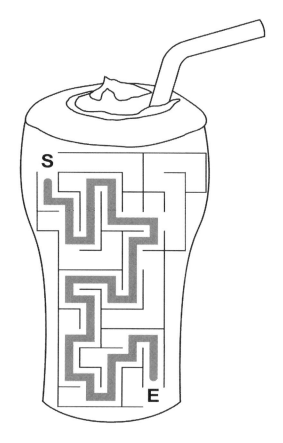

Milkshake

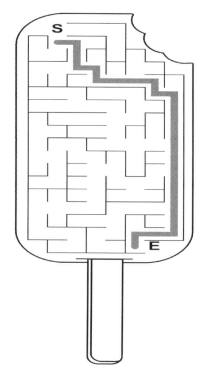

Popsicle

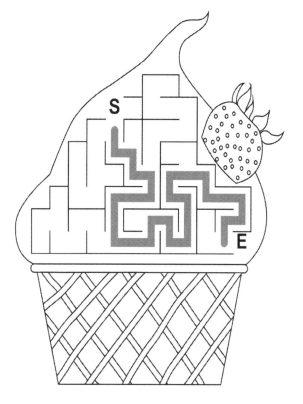

Dixie Cup

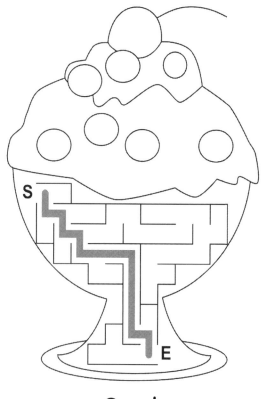

Sundae

Tigers' Five Differences

Racoons' Five Differences

SOCCER MASH MAZE

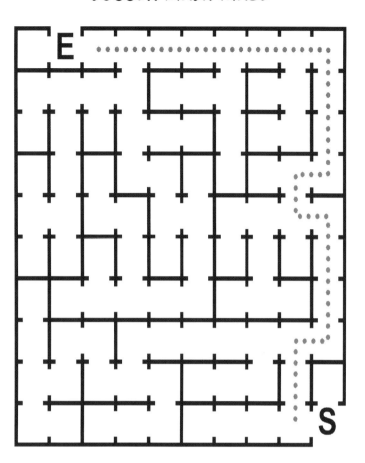

IN THE GRASS MAZE

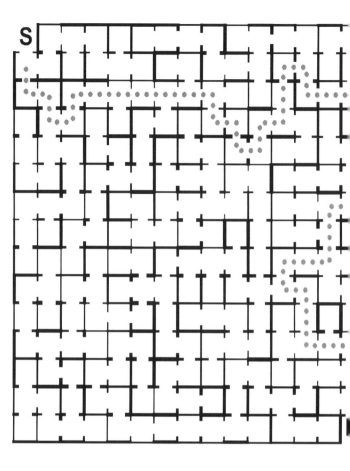

BALL IN TREE MAZE

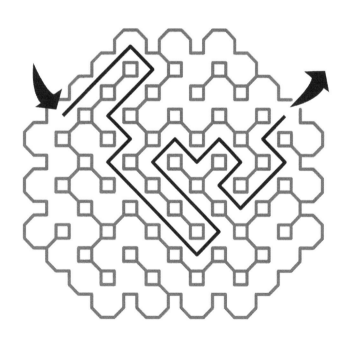

PICTURE MATH SOLUTION

 = 10

= 3

= 12

+ = 32

Spot The 10 Differences Solution

Answers to Riddles

What goes through towns and over mountains but never moves?
Answer: A road.

They come out at night without being called and are lost in the day without being stolen. What are they?
Answer: Stars

I've been around for millions of years but I'm only a month old. What am I?
Answer: The moon.

When I'm ripe, I'm green, when you eat me, I'm red, and when you spit me out, I'm black. What am I?
Answer: A watermelon.

What can you catch but not throw?
Answer: A cold.

Where can you find cities, towns, shops, and streets but no people?
Answer: A map.

What is hard to get out of but easy to get into?
Answer: Trouble.

A phone and case cost $110 total. The phone costs $100 more than the case. How much is the phone?
Answer: $105.

What has a ring, but no finger?
Answer: A bell

What has a bank, but no money?
Answer: A river.

What can fill a room, but take up no space?
Answer: Light.

What has an eye, but can't see?
Answer: A needle.

Please visit Copper Penny Puzzles on Amazon for more puzzle and activity books. If you like our books we would very much appreciate a positive review. Thank you very much.

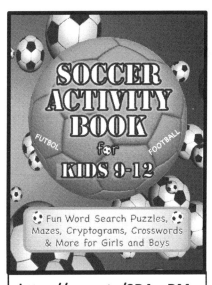

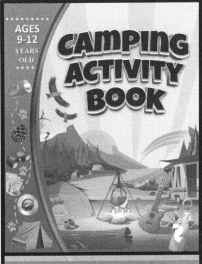

Made in the USA
Columbia, SC
24 November 2024